D1729931

Reinhard Anton Faber

Die Himmelsmacht
Romantische Gedichte

Reinhard Anton Faber

DIE HIMMELSMACHT

Romantische Gedichte

Mit einem Essay
»Gedanken zur Poesie
wie zur Kunst im Allgemeinen«

TRIGA
Der Verlag

Bibliografische Information der Deutschen Nationalbibliothek
Die Deutsche Nationalbibliothek verzeichnet diese Publikation in der
Deutschen Nationalbibliografie;
detaillierte bibliografische Daten sind im Internet über
http://dnb.d-nb.de abrufbar.

1. Auflage 2021

Herstellung: TRIGA – Der Verlag UG (haftungsbeschränkt), GF: Christina Schmitt
Leipziger Straße 2, 63571 Gelnhausen-Roth
www.triga-der-verlag.de, E-Mail: triga@triga-der-verlag.de

Druck: Books on Demand GmbH, Norderstedt
Printed in Germany
ISBN 978-3-95828-271-1

INHALT

KURZES VORWORT DES AUTORS

Die hier vorgestellten Gedichte entstanden ab meinem 20. Lebensjahr, in mehr oder weniger großen Zeitabständen verteilt über den größten Teil meines Lebens.

Nachdem ich die 70 weit überschritten hatte, entschloss ich mich, diese Gedichte zu sammeln und unter einen gemeinsamen Titel zu stellen. Ich hatte bemerkt, dass ihnen allen doch etwas Gemeinsames zu Grunde liegt. Im Rückblick erscheinen sie mir, obwohl dem praktischen Leben gänzlich entfremdet, wie einzelne Bergspitzen, die ins Licht über die Wolkendecke ragen, als bleibende und wichtige Ereignisse und Stationen in meinem Leben, die ich mir selbst auch öfters vergegenwärtige.

Die Gedichte stellen gewissermaßen »Endpunkte« in meiner Existenz dar, durch die ich einen Ausblick auf eine andere Wirklichkeit gewann. Eindrücke, Erlebnisse, Erfahrungen die mich in besonderer Weise anrührten, setzten sich in meinem Bewusstsein fest, und ich war erst zufrieden, wenn ich ihnen in poetischer Weise Ausdruck verleihen konnte. Obwohl die Gedichte natürlicherweise immer von einem diesseitigen Erlebnis ausgehen, so ist es ihre gemeinsame Eigenart, dass sie hinausführen in eine übergeordnete Seinsweise, in eine andere Realität.

PS:
Eine Reimform war von mir nicht beabsichtigt und liegt mir auch nicht. Falls aber gelegentlich eine solche vorkommt, so ist dies wahrscheinlich zufällig. Ich habe nur einen Rhythmus der Silben und Wörter angestrebt.

Die einzelnen Gedichte wurden mit Angaben über den Ort und das Datum des auslösenden Erlebnisses versehen, was aber in dieser Literatur unüblich ist.

Die Gedichte sollen dadurch über eine ihnen ansonsten anhängende Orts- und Zeitlosigkeit hinausgehoben werden, was vielleicht für manche Leser interessant ist.

1

DIE HIMMELSMACHT

Hoch überm See an Bergeshang
inmitten Laub und Gräserwehn
inmitten Blütenduft Zikadenklang
saß ich und sann –

Da fühlt ich tief die Himmelsmacht
die liebend unser Herz umfasst
trägt uns empor in Sonnenhöhn
lässt unsere Liebe nie vergehn

Lago Maggiore, Oggebbio Juni 1956

ABSCHIED

Inmitten Blüten unterm Tor
steht mein Liebstes und schaut mir nach
Ihre Augen sie rufen mich
die Blüten sie rufen mich
und sagen bleib da

In den Blüten, in den Augen
liegt derselbe Blick
Ich habe zu tief in die Blüten geschaut
Ich habe zu tief in die Augen geschaut

So kann ich nicht
rasten noch ruhn
bis ich besitze das Glück
das in den Blüten
das in den sonnigen Augen liegt

Beilngries, Frühling 1949

3

BERGNACHT

Die Hütte schläft –
ganz leise drin ein Mensch erwacht
was rief mich wohl in dieser Nacht?

Die Gipfel stehn in stolzem Schweigen
die Sterne still darüber kreisen
so weit und klar

Da dringt ein Laut in meine Brust
so zart und nah – ein leiser Pfiff!
Ihr Gemsen ruft Ihr mich?
Wohin – wohin soll ich mich wenden?

Vom Eis es kühl herniederweht –
Die Gipfel stehn in stolzem Schweigen
und nur die Sterne kreisen
so fern und klar

Ramsau, (Berchtesgaden) Blaueishütte Sept. 1951
Der kleine Gletscher am Hochkalter ist inzwischen längst
abgeschmolzen.

DIE MITTERNACHT

Mitternächtig leise
still zwei Herzen kreisen
jenseits der Berge
unter den Sternen

In einem Tale
unter drei Bäumen
flüstern sie leise
von Lust und Freude

Jenseits der Erde
fern aller Schmerzen
schweben sie leise
hin zu den Sternen

Holnstein, Herbst 1955

WEG INS LICHT

Nächtlich versunken
Tal und Berg
Neblig verschleiert
vergessen schweigt die Welt
Umhüllt von Nacht
steh ich selbst –

Nur überm Wald
in ferner Helle
geheimnisvoller Weite
da seh ich sie fliegen
Hand in Hand
in lichte Ferne
rauchenden, uferlosen Lichts

Beilngries, April 1957

BERGSEHNSUCHT

Es rufen die Berge
in lockender Bläue
den ewig Suchenden
Orte der Sehnsucht
dem ewig Sehnsuchtsvollen winken sie zu

Ziele der Sehnsucht geben sie Halt
dem uferlos schweifenden Blick
der in Einsamkeit weilenden Seele
die nach Gipfeln sich sehnt
auf Gipfeln zu träumen

Ramsau, Juni 1957

NACH DEM REGEN

Nach langem Regen
leuchtend blauet der Himmel
lieg ich am Rande des Waldes
in tiefer Ruhe – tiefster Stille –

Und tiefste Ruhe ist in mir
tiefste Stille
denn in ständigem Strom
fühl ich verströmen mein Sein
hin zum Schönen –

Hemau, Sommer 1957

8

IM OLIVENHAIN

Still schweigt die Luft
im dunkelnden Olivenhain
Still steht die Zeit
und über Berg und See
leis kommt die Nacht

Im Singen der Zikaden
dringt ferner Lichter Schein
aus tiefem Raum – so fern
Und über Zeit und Raum
schwingt meine Seele sich
in die Unendlichkeit

Lago di Garda, Assenza di Brenzone Sept. 1957

KLEINE STRASSE IM HERBSTLICHT

In herbstlicher Stille
schreit ich auf schmalem Weg
in den zartblauen Himmel

Umgeben von leuchtendem Gold
bin ich Schritt für Schritt
ergeben der Weite dem Licht

Bin ganz geschenkt mir selbst
im seligen Schreiten
auf der endlosen Straße ins Licht

Beilngries, Okt. 1957

DIE KLEINE BLUME ·

Einsamkeit –
Kerker des Ich
Nirgends ein Weg von mir
nirgends Anderes
mir Verwandtes
nur Fernes, Fremdes
Ein Nichts

Du kleine Blume
Weg im Weglosen
ein Etwas im Nichts
ein Mein, ein Mir
zu mir Gehörendes
Du Schönes
Du Licht in der Finsternis

Nürnberg, Frühling 1958

FRÜHLINGSAHNUNG

Winterlich
dunkelnder Himmel
düsterer Wald
und dunkle Erde

Nebliger Höhen
einsamer Weg
trägt meine Füße
eilend im Wind –
Füße sie eilen
sie stürmen, sie tanzen!

Im Schatten des Todes
spür ich den Frühling
fliegt mein Auge
in leuchtende Weiten
trinkt zarter Wolken
himmlische Helle
sieht blühende Schönheit

Beilngries – Arzberg, Feb. 1959

BOTE DES LICHTS

Silberstreifen überm See
in Wolken, Wellen und Wind
der Bote kommenden Lichts
der Künder sonnigen Tags
wenn das Schiff meiner Sehnsucht
mit weißem Wolkensegel
fährt ans Ufer des Glücks

Chiemsee – Chieming, Sommer 1959

DAS SCHÖNE AM WEGE

Einsamer Wandrer im Tale des Menschen
hingegeben der Welt, den weiten Himmeln
uferlos um ihn dehnt sich das All

Wie ein Komet sich versprühend
würde er stürzen in dunkelsten Wahnsinn
stünd nicht am Wegrand das Schöne

Beilngries, Oktober 1958

HERBSTNACHT

Aus den Lampen, aus dem Licht
des Saales froh gestimmter Runde
nach des Tanzes leichtem Schweben
späte Herbstnacht uns umfängt

Unter hohen leeren Bäumen
und beschwingt von altem Wein
wandern wir in sanfter Helle
die der Mond durch Wolken scheint

Arm in Arm und Hand in Hand
fühlten wir den Klang dieser Stunde
der von Ewigkeit gerufen
an den fernsten Himmeln wiederhallt

Der des Menschen Herz befreiet
der uns macht den Göttern gleich –
Diese Lösung unseres Selbstseins
in der Liebe – ist das Glück

Nürnberg, Herbst 1959

STADT DER ETRUSKER

Inmitten der Gräber
zu Füßen des alten Papluna
träumt meine Seele
von schimmernder Stadt am Berge

Die sieht übers Meer hin
nach Schiffen und Inseln
hingegeben dem Licht
dem Fernwind saugender Weite

Ein Altar der Sonne
wo im seligen Sterben
zurückbleibt nur Asche
geglüht vom brennenden Geiste

Populonia, Juni 1960

MONTE CHRISTO

Ich sitz am Meer
und schau den Wellen zu
dem Fels, dem Berg
der steil stürzend im Sprung
nach fernem Süden weist
wo weit im Licht
silbrig glitzernder See im blauen Hauch
der Sehnsucht Insel schwebt

Isola Elba, 1962

WINTERTAG

Sonniger Wintertag
liegt überm Tal
Aus verschneiten Dächern
steigt der Rauch
senkrecht empor
In leuchtende Luft
greift der Bäume
zartes Geäst

Die blaue Linie
waldiger Höhn
in strahlend verschleierte
Ferne schwingt

Beilngries, 1963

18

SPUR IM SCHNEE

Vom Wald zum Feld
führt eine kleine
Straße im Schnee
festgetreten
Huf bei Huf
von warmen Pfoten

Dämmerung sinkt –
fern sind die Lichter
der Menschenwelt

Beilngries, 1963

19

STILLER HERBSTWALD

Im Gehn verhalt ich meinen Schritt
angerührt vom bunten Wald
Im gelben Licht die Mücken
tanzen stumm auf und ab
die Spinnen weben ein die Welt

Ich steh am Brunnen meines Selbst
und blick hinab ins tiefe Ich –
Die Mücken tanzen auf und ab
die Spinnen weben zu die Welt –
Mein Ich das spricht so laut

Beilngries, Hirschberg 1963

DIE KRANICHE

Noch immer ist es in mir:

Im warmen Meerwind
die Küste von Spanien
Unter grauem Himmel
im Fernflug nach Süden
fünf Kraniche ziehn

Da löst sich mein Wesen
es befreit sich mein Ich
ist nur noch Himmel
im Meerwind
und Kraniche im Flug
ins lichte Grau des Südens

Castillon de Ja Plana, August 1966

21

DER TOD

So bleich liegst Du vor mir
so bleich –
in Todesblässe
Im Zittern Deiner Hände
ist schon Vergänglichkeit

Doch glühend rot
und donnernd
überm Tal der Erde
steigt sie empor
die große Freude

Beilngries, Feb. 1967

FRÜHLINGSSTURM

Im Glanz des Lichts
vom Frühlingssturm umbraust
im lichten Grün
strahlt blau der Himmel
und Vergissmeinnicht

Wie Deine Augen
zieht's mich hin
in sehnsuchtsvollem Schmerz
weiß nicht ob Es – ob Du
schaut Eines mich
aus beiden an

Beilngries, Mai 1967

NÄCHTLICHER SEE

Berge und Lichter
im Raum der Nacht
wie tiefe Leere
schwarz ruht der See

Bei leisem Wellenschlag
starr ich ans andere Ufer
bin ich versunken in Traurigkeit
such mein verlorenes Ich

Lago di Garda, Castelletto August 1967

WINTERBLUME

Türkisblau
unterm Winterhimmel
sind Deine Augen
Wie leuchtende Blüten
im Schnee
hingeöffnet dem Licht
der strahlenden Sonne
ist Dein Gesicht
verklärt in Liebe

Bad Gastein, März 1968

CHRISTINA

Am See von Bolsena
schweb ich im Traum
über den Ufern
seh dein Gesicht
über den Wassern
im Hauch der Lüfte
blau die Augen
und blond das Haar –

Am See von Bolsena
bin ich selig entrückt
im Schlaf –
Santa Christina

In Bolsena steht die Kirche der Hl. Christina,
die dort im See ertränkt wurde.
Auf einem Porzellanaltar steht ihre Statue,
mit blauen Augen und blondem Haar.

Bolsena, Juni 1968

MÄRZENSTAUB

Märzenstaub
vom Schnee gebleicht
zu unseren Füßen
Von den Gipfeln
glänzt der Firn
leuchtet das Weiß
stürzt die Welt
in die Tiefe
in die Ferne
blauer Unendlichkeit
Hörst Du das Sausen?
Losgelöst
umfass ich Dich
halt ich Dich
Deine warme Hand

Bad Gastein, März 1969

ERINNERUNG

Ich wein an dem Brunnen
an dem Ufer des Sees –
in der Stadt am Berge
wo durch alte Gassen
der Nachtwind weht
In der heiligen Stadt
wo goldstrahlend der Dom
zum Himmel ragt –
wo wir gingen vereint
geborgen in unserem Glück

Orvieto, Juli 1969

WINTERGIPFEL

Weiße Gipfel
in weißer Stille
Auf den Graten
lastet der Schnee
Blasse Sonne
im weißen Nebel
Dohlen wehn
lautlos im Wind –
In weißer Stille
versinkt jeder Ton
kehrt nie mehr zurück
doch rot – so rot
blüht Dein Mund mir
Dein stiller Mund mir
im Schnee

Bad Gastein, Stubnerkogel 1970

LIED AN DIE FREUDE

Lied an die Freude
wenn eisige Gipfel
ragen ins letzte Tageslicht
wenn rosige Wölkchen
uns umwehen wie Hauch
aus bemalten Grüften
Lied an die Freude
wenn unsere Leiber
verschmelzen im Tanz
wo Dein Gesicht
mir erblüht
wo mich küsst
dein glühender Mund
beim Lied an die Freude

Bad Gastein, Bellevue-Alm 1971
Der Verfasser war ein Fan der Etrusker, daher die
bemalten Grüfte.

DER ROTE LEUCHTTURM

Zwischen Nacht und Tag
fährt mein Schiff
durch die Dämmerung
zum Licht
in die Helle des Himmels

Wie Stahl liegt das Meer
und ohne Wellenhauch
die Inseln sind nah
und klar das ferne Gebirge
So nah ist mir alles
ganz nah

Hinter dem Meere
im ersten Sonnenstrahl
der rote Leuchtturm
ein roter Leuchtturm!
Alles wird rosa
rosa und rosenrot

Langsam schwindet die Welt
wird wie ein Bild
und eine andere Wirklichkeit
nimmt mich auf

Dalmatien, Losin Sept. 1971

31

UMAG

Steinern und leer
liegt der Platz
vor der alten Kathedrale
Durch die klare Luft
schießen die Schwalben
wie schwarze Pfeile
Hinter der Mole
im Licht der Weite
leuchtet das Meer –
Die Ruhe kehrt ein
es verliert sich die Zeit
Ein Endpunkt der Welt!
Die Seele vernimmt
das Tönen der Ewigkeit

Umag, Hafenstadt in Istrien, Juli 1972

TRSTENIK

Im Nachtgesang der Zikaden
einsam schläft die kleine Insel
in dem weiten Meer
Die Steine hier, die kleine Mole
sind voll Erinnerung
die warme Luft
ist wie ein Hauch von Dir

Mein ganzes Sein ist Sehnen
nach Deiner Lichtgestalt
Ich suche Dich
in meiner Seele Tiefe
im Traum
möcht ich Dich finden
jenseits der Wirklichkeit –

Insel Trstenik im Kwarner-Meer, Sept. 1972

WINTERDÄMMERUNG

In rosig kalter
Winterdämmerung
geh ich entlang die Straße
mit den kahlen Birken
Leuchtend
im stählern klaren Himmel
hängt der Abendstern
Überm Wald
in weißer Ferne
erscheint ein Licht
brennt eine Lampe

Sie strahlt mir Wärme
und Geborgenheit
sie zeigt den Weg mir
in meiner Einsamkeit –
Wie ein Bettler
mit leeren Händen
steh ich in Schnee und Eis
und schaue nach dem Licht –
such letzte Zweisamkeit

Burggriesbach, Weihnachten 1973

WINTERLICHE GEBORGENHEIT

Vom Eis bereifte
leere Fliederbüsche
blühn vor meinem Fenster
Kleine Vöglein huschen darin
lautlos hin und her
Im Hintergrund
im rosa Morgenlicht
die weißen Berge

In winterlicher
Eingeborgenheit
liebevoll
voll Zartheit
und voll Zärtlichkeit
umgibt uns diese Welt

Die Wirklichkeit versinkt
es bleibt das Bild
als Schönheit
und als Poesie
es bleibt die Zärtlichkeit
die Botin der Glückseligkeit

Bad Gastein, 1974

DAS SÜDGEBIRGE

Berauscht vom Licht
auf Schnee und weitem Gipfelrund
berauscht vom Raum
endlos erfüllt von Sonnenglanz
schau sehnsuchtsvoll
das Südgebirge ich
im Strahlendunst

So winkt das Licht
so winkt der Raum
der Süden zieht mich hin –
da wird die Liebe mir bewusst
zum All, zum Grund
wird mir bewusst
tiefste Verbundenheit
zu jedem um mich her:
zum Stein, zum Baum
zu Tier und Mensch

Mauterndorf, Feb. 1976

WINTERNACHT

Am Ende des Tales
zwei Berge
weiß leuchtend
im Sternengefunkel
eisklarer Nacht

Wie Bruder und Schwester
wie Mann und Frau
getrennt und doch verbunden
zugeneigt in Sehnsucht

Das Geheimnis der Nacht
steigt aus den Wäldern
es weht von den Gipfeln
So leicht
wird das schwere Gebirge das harte Gestein
die Welt wird Gedanke –
Der Geist der Liebe
durchdringet das All

Innerkrems, März 1977

RHODOS

Du Insel unter der Sonne
hingebreitet dem Licht
dem Gotte geweiht
der Kraft aus dem Raum
die blendet die Irdischen

Umströmt von Meeren
von den Winden des Himmels
bist Du entrückt der Welt
Vor Deinen Mauern
vor Deinen Säulen
verblasst die Zeit
hat Gegenwart keine Macht

In Deinem Wesen
träumst Du Vergangenheit
bist Du mehr Traum
als Wirklichkeit
bist Du mehr Seele
als Stoff –

Rhodos, 5.6.1978, Apoll, war der Gott des Lichts

DAS FEST

In sternheller Nacht
liegt das griechische Dorf
geschmiegt an den Abhang
des Berges
umkränzt vom Laub der Olive
und des Weins

Da liegt der Platz bereitet
für das Fest mit Musik und Tanz
Im Bass die Klarinette
hell die Harmonika
bei dunklem Trommelschlag
erklingen schwer die alten Lieder

Im Rhythmus der Töne
schwingen die Tänzer im Reigen
berauscht, die Augen weit
den Blick in die Feme
in die Leere gerichtet
durchschauen sie das Leben
sind sie wie Betende
nahe den Göttern

Rhodos, Embonas Juni 1978

MEER VOR SONNENAUFGANG

Schemenhaft wie Schatten
und ohne Farbe
sind die Boote und Häuser
und ohne Licht ist der Strand
in der Stunde vor Aufgang
der Sonne
in der Zeit vor der Wirklichkeit

Doch wie flüssiges Silber
wie blaues Platin
hell schimmert das Meer
von innen erleuchtet
und wie strahlende Sterne
die Lampen der Fischer

Über dem Meere
am Ende des Himmels
ein zartrosa Streif
Bild einer anderen Welt

Ortona, Sept. 1983

Ein Phänomen wie es auch in der »Blauen Grotte« auf
Capri zu beobachten ist; was aber auch vor Sonnen-
aufgang, Windstille und klarem Himmel an jedem
Meeresstrand mit Blick nach Osten entstehen kann;
wahrscheinlich bedingt durch die Erdkrümmung
erleuchtet die Sonne, bevor sie den Horizont über-
steigt, so das Meer quasi von innen. Jedenfalls ist das
Meer zu dieser Zeit deutlich heller als der Himmel.

ASCOLI PICENO

In Ascoli
auf der alten Piazza
träum ich
im Lichte des Mittags

Umrahmt von altem Gemäuer
und Säulen
dem himmelwärts
weisenden Dom
ruh ich inmitten des Kunstwerks

Entrückt dem Diesseits
bin ich geborgen in Harmonie
in Schönheit
bin ich im Innen
im Symbol eines Jenseits

Sept. 1983

GRADO

In der Frische des Morgens
in der Klarheit der Luft
schau ich hinaus
über die alten Dächer
weit auf das Meer

Ich spüre die Ruhe
das Glück dieser Stunde
doch wund bleibt mein Herz
ist meine Seele voll Weh
werd ich ergriffen
von seltsamer Sehnsucht

Denn im Schauen
im Erleben
gehn wir immer nur vorüber
stehn wir immer nur daneben
besitzen wir nicht
bleibt außen das Ich

30.5.81

NÄCHTLICHER SEE

In die dunkle Bläue
des gestirnten Himmels
ragt scharf gezackt
die Linie des Gebirges

Gesäumt
von Ketten des Lichts
in tiefster Schwärze
bodenloser Leere
still ruht der See

So schwebt der Mensch
über der endlosen Tiefe
über dem scheinbaren Nichts
der unauslotbaren Seele

Lago di Garda, Juni 1982

S. MARIA ASSUNTA

Reisender
kommst Du nach Venedig
so verweile nicht im Glanz
und auch Flitter dieser Stadt
sondern fahre hin
über die blaue Lagune
zu der einsamen, stillen Insel
wo ein Dom aus uralter Zeit
steht eingesunken in die Erde
umgeben von dem Laub
des Oleanders und des Weins

Betrittst Du diesen dämmerigen Raum
da trifft aus der Höhe der Abside
ein Blick Dich
aus Augen groß und schwarz
der durchdringt Deine Seele
macht Dich erbeben im Innersten –
bleibt unvergesslich Dir
zwingt Dich zur Wiederkehr

Isola Torcello in der Lagune von Venedig, Juni 1997

LETZTER BERGFRÜHLING

Wie eine weiße Wolke
verschwimmend im blauen Sonnenglast
seh ich den Südberg
leuchtend in Firn und Eis

In frühlingsgrüner Wiese
an springendem Bächlein
lieg ich umgeben von weißen Sternen
von Anemone und Krokus

Dies alles hüllt mich ein
umarmt mich
trägt mich fort
entschlafend an das Reich
der Schönheit –

Rosental am Gr. Venediger, März 2003

GEDANKEN ZUR POESIE WIE ZUR KUNST

IM ALLGEMEINEN

Es soll hier in gebotener Kürze versucht werden, eine Antwort auf die Frage nach dem Wesen der Poesie zu finden. Gemeint ist damit eine ganz bestimmte, besondere Wirkung auf unser Bewusstsein, die von einer Dichtung ganz allgemein ausgehen kann. Diese poetische Wirkung kann unterschiedlich groß sein. Die Übergänge von der nüchternen Prosa zur Dichtung sind fließend. Nur dieser »poetische« Gehalt einer Dichtung, dieser Zauber, der von einem Text ausgehen kann – sei dieser episch, dramatisch oder lyrisch – soll hier analysiert werden, so wie er rein intuitiv-gefühlsmäßig gebraucht und verstanden wird, wenn man z.B. sagt, ein Text oder eine Sprache seien poetisch. Die Betrachtungen werden aber dann übergehen zu Gedanken zur Kunst im Allgemeinen.

Es sei noch vorausgeschickt, dass der Verfasser, um die hier gestellte Frage zu beantworten, keinerlei Literatur verwendet hat. Er weiß also nicht, was andere zu diesem Thema geschrieben haben. Dadurch ist es sicherlich unvermeidlich, dass sich Ähnlichkeiten oder Übereinstimmungen mit anderen Autoren ergeben, die ebenfalls über die Poesie nachgedacht haben. Es sei nur noch erwähnt, dass dieser kurze Aufsatz keineswegs Anspruch auf eine erschöpfende Darstellung des gestellten Themas erhebt.

Zunächst sollen, als ein Beispiel für unser Thema, zwei verschiedene Weisen der Darstellung ein und desselben Erlebnisses des Autors beschrieben werden.

Der Verfasser hatte eine Heimreise aus Dalmatien, von der Insel Lošin zum Festland nach Rijeka, in der Erinnerung einmal in lyrischer Prosa und dann später in Versform niedergeschrieben. Hier zuerst die Prosa (in der Ichform):

Das Erlebnis einer Heimreise

Gerade ist die Nacht zur ersten Dämmerung geworden. Schweigend und bleich umstehen die alten Häuser der kleinen Stadt die Hafenbucht, und die Lampen am Kai und an der Uferstraße brennen noch, als unser Schiff leise ablegt.

Im Osten ist der Horizont von einer kalten Helle wie Platin, die sich langsam über die ganze Himmelsglocke auszubreiten beginnt. Das Meer liegt wie ein polierter Spiegel aus Stahl, ganz glatt und ohne den geringsten Hauch, nur die Schiffswellen stören diese Ruhe mit ihren rätselhaften Mustern. Als wir aus der Bucht herauslaufen und den Bug nach Norden in das Meer zwischen den Inseln drehen, erkenne ich mit Überraschung die überwältigende Klarheit und Weitsichtigkeit dieser frühen Stunde. Die Entfernungen scheinen aufgehoben. Die Inseln mit ihren Felsen und Wäldern, das hohe Festlandsgebirge, am Tag im Sonnendunst versunken, sind ganz nahegerückt und schieben sich wie Theaterkulissen ineinander. Trotz der Kühle und des Fahrtwindes sitzen die meisten Passagiere auf dem offenen Achterdeck, kaum ein Wort ist zu hören, nur das vibrierende Arbeiten der Schiffsmaschine. Alle schauen wie gebannt in die Weite des Himmels und des Meeres.

Mich überkommt eine Verzauberung, eine Stimmung der Losgelöstheit, ein Gefühl von Unwirklichkeit, ein übermächtiges Bewusstsein einer anderen Wirklichkeit. Ich fahre nicht auf dem Meer dieser Erde dahin, sondern treibe in einer überirdischen Welt einem unbekannten Ziele zu. Der Himmel, das Meer, die Gebirge und Inseln, ja unser Schiff und die Menschen auf ihm, sie haben ihre materielle Wirklichkeit verloren, sie sind, entrückt dem Diesseits, zu Inhalten einer anderen Dimension geworden.

Als wir die Insel Unije zurücklassen, öffnet sich backbords das offene Kwarnermeer, und in den ersten kalten Sonnenstrahlen leuchtet rot im Westen der Leuchtturm des Inselchens Hrid Galiula. Schwebend über der Kimm kann ich im Südwesten die Gipfel des italienischen Apennins ahnen. Große Seevögel beginnen unser Schiff zu begleiten, wir begegnen einzelnen Fischerbooten, und im Nordwesten werden die Berge Istriens sichtbar. Langsam nähern wir uns Rijeka. Als wir in den Hafen einlaufen, scheint die Sonne schon warm auf die Hafenmolen und Lagerhallen, auf die Schiffe und Kräne. Das Boot legt an, Menschen umdrängen uns, Dienstmänner kommen, Autos fahren: Die sogenannte Realität hat uns wieder, die Verzauberung weicht, ein Traum ist vorbei.

Ich hatte eine Fahrt durch die materiegetragene Raum-Zeit gemacht, in der Erinnerung war sie aber für mich zu einer Reise durch den Seelenraum und die Seelenzeit geworden: Die sogenannte Wirklichkeit war versunken in der Vergangenheit, was blieb, ist ein Gemälde aus Gedanken und Vorstellungen, aus Gefühlen, einer anderen Wirklichkeit zugehörig.

Die Beschreibung dieses Erlebnisses in Gedichtform findet der Leser im Gedicht Nr. 30.

Wir bemerken, dass in dem Gedicht der objektive Gehalt des Erlebten gegenüber der Darstellung in Prosa noch weiter »verfremdet« wird, an »Realität« verliert.

Wenden wir uns jetzt unserem Thema zu:

Wenn man die beiden obigen Beschreibungen des gleichen Erlebnisses vergleicht, so wird sogleich erkennbar, dass die in Prosa – also die nicht in Verszeilen geschriebene Fassung – zweifellos auch poetisch ist, eine poetische Wirkung auf den Leser ausübt. Eine rein sachliche, nüchterne Beschreibung dieser Schiffsfahrt würde sich auf die objektiven Ereignisse, also auf die Ereignisse in der materiellen Welt beschränken, eventuell noch die körperlichen Befindlichkeiten erwähnen. Die Abfahrt würde also vielleicht so dargestellt werden:

Nachdem wir schon um 3 Uhr aufstehen mussten, bestiegen wir gähnend und übernächtig den Bus, der uns zum Hafen brachte, wo das Schiff schon auf uns wartete. Es war noch sehr dunkel, als wir an Bord gingen. Während wir fröstelnd auf dem Oberdeck saßen, nahm unser Schiff Kurs nach Norden, um zwischen den Inseln Unije und Losin durchlaufend das Kwarnermeer zu erreichen. Zu unserem Glück war die See ganz glatt und ohne den geringsten Wellengang, sodass niemandem übel wurde. Usw.

Diese Gegenüberstellung einer poetischen zu einer sachlich-nüchternen Beschreibung eines Erlebnisses hätte sich eigentlich erübrigt. So etwas steht schließlich in jedem Deutschbuch der 6. und 7. Schulklasse. Der Vollständigkeit dieser Darstellung halber möchte der Verfasser es trotzdem stehen lassen.

Im Vergleich sehen wir: In einer poetischen Beschreibung wird die objektive Realität mehr oder weniger weit zurückgedrängt, um das Schwergewicht auf die Wiedergabe der Elemente in unserer Wahrnehmung zu verlegen, die in unserem Bewusstsein die Stimmungen, Gefühle und Vorstellungen auslösen, die das poetische Erlebnis ausmachen. Die materielle, objektive Wirklichkeit wird in eine andere Sphäre gerückt, in den Bereich reiner Seelenrealität. Es werden verschiedene Form-, Stil- und Klangelemente verwendet, die eine optische wie eine klangliche Harmonisierung der Schrift wie der Sprache bewirken: Eine Sprache, die hinaushebt und hinausheben soll über die Alltagssprache und damit über die nüchterne, objektive Wirklichkeit. In einem bloßen Anderssein, in einem bloßen Abheben von der objektiven Welt, erschöpft sich aber nicht was Poesie sagt, ausdrückt, bedeutet und bewirkt. Poesie ist weit mehr. Wir müssen also weiter fragen: Wohin hebt und erhebt uns diese Sprache, was löst sie in unserem Bewusstsein aus? Versuchen wir die Wirkungen, die Poesie auf unseren Seelenzustand ausübt, zu analysieren:

Wir haben mehrmals das Wörtchen »nüchtern« gebraucht. Wir haben damit eine rein sachliche, auf die materielle, objektive Wirklichkeit bezogene Aussage und Beschreibung gemeint. Das Gegenteil einer nüchternen Beschreibung eines Erlebnisses meint eine Darstellung, die einer anderen Wirklichkeit zugerechnet werden muss, als es die bloß materielle, eben die nüchterne Realität ist. Nüchtern sein bedeutet aber auch: Nichts gegessen zu haben, leer zu sein, aber auch: nicht berauscht zu sein. Das Gegenteil von nüchtern bedeutet daher, voll zu sein, erfüllt zu sein, ja berauscht zu sein.

Sowohl beim Schreiben als auch beim Lesen bewirkt Poesie eine Verzauberung, ein Berauschtsein in unserem Gemüt, eine Anhebung unseres Bewusstseinszustandes in einer beglückenden Weise. Aber warum?

Alle Elemente, die einen Text, eine Sprache poetisch machen, entfernen uns von der objektiven, materiellen, »nüchternen« Realität. Es werden bei einer poetischen Ausdrucksweise zur Beschreibung der gleichen Realität andere Wörter und Wortzusammenhänge verwendet, eben eine »gehobene« Sprache, die uns über die sachlichnüchterne Realität erheben soll. Eine besondere Bedeutung kommt dabei der Rhythmisierung der Sprache vor allem im Gedicht zu. Diese wird erreicht durch ein mehr oder weniger strenges Versmaß und (oder) durch den Reim. Die Schreibart in Verszeilen und Strophen unterstützt dabei auch noch rein optisch diesen Prozess. Vergleiche dazu die überragende Bedeutung des Rhythmus, des Taktes in der Musik. Wahrscheinlich war ja die Trommel das erste Musikinstrument. Der Rhythmus ist das grundlegende Element, der grundlegende »Mechanismus«, der geeignet ist, unser Bewusstsein für die Aufnahme der Inhalte eines poetischen Textes (oder einer Musik) in einer besonderen Weise aufzubereiten, aufnahmefähig zu machen. Auf den Rhythmus setzen sich alle anderen poetischen Inhalte eines Textes quasi auf, werden durch diesen transportiert. (Wie auch in der Musik.)

Der Rhythmus bewirkt eine Verminderung, eine gewisse Ausleerung der Inhalte unseres Alltagsbewusstseins, ja sogar unseres Körperbewusstseins. Es entsteht eine Öffnung, ein Offensein für eine andere Wirklichkeit, für den geheimnisvollen Hintergrund unseres Bewusstseins. Damit kann »Etwas« in uns eindringen und unser Bewusstsein mehr oder weniger erfüllen. Eine Beglückung, eine Berauschtheit, in verschiedenen Graden der Intensität, ergreift von uns Besitz. Es ist ein Seelenzustand, der unserer irdischen, nüchternen Existenz fremd ist: Er stellt darin einen Ausnahmezustand dar. Unserem Dasein muss etwas fehlen, das wir nur in

Ausnahmezuständen erleben und gewahr werden. Es ist dies ein grundsätzlicher Mangel, der unserem Leben anhaftet, und der dieses Dasein grundlegend bestimmt, aber auch problematisiert. In der Poesie überschreiten wir die Grenze unserer irdischen Existenz, wie in allen rauschhaften, ekstatischen Bewusstseinszuständen, wobei es gleichgültig ist, wodurch diese ausgelöst wurden. Rauschhafte Beglückung ist nichts Zufälliges ohne weitere Bedeutung, sondern etwas ganz Spezifisches unseres Menschseins, das einen tiefen Einblick in die metaphysischen Grundlagen unserer Seinsweise gestattet.

Nach den Überlegungen des Verfassers liegt die auslösende Ursache dieser Zustände einer »Trance«, in einer mehr oder weniger großen Abschwächung unseres Körperbewusstseins. Unser Körper ist es, mit den körpergebundenen Sinnesorganen, der uns in der »irdischen« Seinsweise festhält.

Der Verfasser möchte hier für ein besseres und umfassendes Verständnis dieser Thematik auf das 5., 6. und 7. Kapitel seines Buches »Umbruch im Weltbild der Philosophie und Naturwissenschaft« verweisen, das 2021 erscheinen wird. Das Bewusstsein ist kein begrenzter, organischer, dinglicher Bestandteil unseres Gehirns, in dem es trotz größter Mühen und Zeitaufwand nicht aufzufinden ist. Unser Bewusstsein ist prinzipiell etwas räumlich Unbegrenztes. Der Mensch kann deshalb auch über seine körperliche, sinnlich-physiologische Begrenztheit hinausreichend, die Welt dort draußen und in den Sinnesqualitäten wahrnehmen. (Die Sinnesqualitäten sind Eigenheiten dieser rein geistigen Dimension des Bewusstseins.) Es gäbe sonst auch kein erkenntnistheoretisches Verstehen unserer Wahrnehmung der Außenwelt, keinen Weg vom »Hier« zum »Dort«. Alle naturwissenschaftlich geprägten (also auf die materielle Seinsweise beschränkten) theoretischen Versuche in dieser Richtung müssen zum Scheitern verurteilt sein, führen alle zu äußerst unzureichenden Ergebnissen; so z. B. der sog. Konstruktivismus.

Nicht ohne Grund waren und sind Rauschzustände sowie die verschiedenen Mittel zu deren Erzeugung bei allen Völkern in Gebrauch, auch bei den sog. Naturvölkern; wobei nicht übersehen werden darf, dass die häufige und missbräuchliche Anwendung dieser Mittel, eben wegen ihrer besonderen, beglückenden Wirkung auf unser Bewusstsein, zu Sucht und Abhängigkeit bis zu Lebensunfähigkeit und durch deren Giftwirkung zu Siechtum und Tod führen können.

Der Verfasser denkt in diesem Zusammenhang auch an das Phänomen des rhythmischen Rauschens der Meeresbrandung, das unbewusst die Menschen in eine leichte Trance versetzen kann. Dies ist auch der Grund, warum sich die Menschen so gerne an Meeresstränden aufhalten und dort Urlaub machen.

(Über die Bedeutung des Wortes »Trance« besteht in der allgemeinen Meinung der Menschen wie in der Literatur eine große Unsicherheit und Unklarheit.)

Was hier auf die Poesie bezogen analysiert und ausgesagt wird, gilt selbstverständlich verallgemeinert auch für die anderen Bereiche der Kunst. Die Dichtung lässt sich prinzipiell nicht von den anderen Bereichen der Kunst abtrennen. So möge es der Leser dem Autor nachsehen, wenn hier, wo es zunächst nur um die Poesie ging, die weiteren Betrachtungen teilweise schon auf die Kunst ganz allgemein bezogen werden.

Das Erlebnis, das uns anregt, dichterisch oder allgemein künstlerisch tätig zu werden (z. B. ein Gedicht zu schreiben oder ein Bild zu malen) muss uns immer in einer besonderen Weise berühren und ansprechen... Bei einem bildhaften Natur- bzw. Landschaftserlebnis wird es ein Gefühl der Sehnsucht sein, so wie Schönheit ganz allgemein in unserem Bewusstsein Sehnsucht erzeugt. Sehnsucht wonach? Sehnsucht, es zu besitzen, es in uns hineinzunehmen, es zu verinnerlichen – ja, es zu werden. Da uns dies aber nicht möglich ist, dies Bild uns immer ein »Anderes« bleibt, eben nur ein »Bild«, so löst jene unerfüllbare Sehnsucht in dem, der diese Empfindungen hat (im Künstler) kompensatorisch gewisse Tätigkeiten aus. Der Maler wird Pinsel und Farbe nehmen, um entweder nach der Natur oder in der Erinnerung ein Bild zu malen. Wobei die Tätigkeit des Malens, bei der Neu- oder Nachschaffung von Schönheit und Harmonie, bei der liebenden, rauschhaften Hingabe an das Werk, dieses auf eine mystische Weise sein Besitz wird, ein Teil seines Selbst und ihm so doch eine gewisse Befriedigung verschafft.

Der Dichter wird versuchen, mit Wörtern ein Erlebnis nachzuschaffen, »nachzumalen«. Durch Rhythmisierung der Sprache und einer Schrift in Verszeilen wird es zu ähnlichen oder gleichen Zuständen und Vorgängen im Bewusstsein des Dichters (und auch des Lesers) kommen wie bei dem oben beschriebenen Malen eines Bildes.

Als ein Beispiel eines Gedichtes, dessen Entstehung ein reines Stimmungs- und Landschaftserlebnis auslöste, und das keine darüber hinausgehenden Assoziationen enthält, möchte der Autor auf das Gedicht »Wintertag« (Nr. 17) in obiger Sammlung verweisen.

Mit dem besonderen Vorgang und der Art der Schaffung und Aneignung eines Kunstwerkes hängt zusammen, dass poetisch beschriebene Ereignisse über das Dargestellte hinaus und unabhängig von diesem eine positive Färbung gewinnen. Schmerzliche, leidvolle Erlebnisse erfahren eine Abschwächung, eine Art von Überwindung. Der Dichter und natürlich auch der Leser können sich auf diese Weise trösten und befreien, weil im dichterischen Werk die harte Wirklichkeit in eine Sphäre gerückt wird, wo Unglück, Leid und Angst auf diese mystische Weise abgeschwächt sind. Man denke hier auch an die Wirkung der Musik, wo es gerade die melancholischen und schwermütigen Kompositionen sind, die uns in Trauer und Schmerz trösten.

Der Begriff der Poesie, das, was als Poesie in der Form eines Gedichtes bezeichnet wird, umfasst inhaltlich ein sehr weites Feld. Die Themen, die poetisch, also in dieser bestimmten Form (Vers, Reim) dargestellt werden, reichen über alle Bereiche der Natur und des menschlichen Lebens. Zum Beispiel beschreiben ein humoristisches Geburtstagsgedicht oder eine satirische poetische Darstellung einer politischen Realität einen ganz anderen Themenkreis als Gedichte z. B. von Mörike oder Eichendorff.

Diese thematisch verschiedenen, poetischen Darstellungen zählen wir, allein durch die besondere Form ihrer Darbietung, zur Poesie und beziehen ihre Bedeutung, sei der Inhalt auch noch so banal, von der Wirkung ihrer Form auf unser Bewusstsein.

Als höchste Wertigkeit von Poesie muss aber (nach Auffassung des Autors) eine solche gelten, wo sich Form und Inhalt zu einer, die prosaische Realität sprengenden, glückhaften, rauschhaften Wirkung vereinen.

Wir können jetzt versuchen, ganz allgemein eine kurze Begriffsbestimmung der Poesie zu formulieren:

Poesie ist die mit verschiedenen formalen und inhaltlichen Mitteln bewirkte Abschwächung bzw. Überwindung objektiver, nüchterner Realität, durch den Eintritt in einen Bereich emotionaler, bildhafter Seelenwirklichkeit, was mit einem Bewusstseinszustand der angenehmen bis rauschhaften Erfülltheit und Beglückung einhergeht. Der poetisch dargestellte Sachverhalt verliert dadurch an Härte und Schärfe.

Man bemerkt, dass dieser poetische Gehalt, diese besondere poetische Wirkung einer Dichtung auch in allen anderen Bereichen der Kunst zu finden ist. So in den bildenden Künsten, in Musik, Tanz, und Architektur. Überall findet man Rhythmus und Harmonie.

Hier sei es dem Verfasser erlaubt, noch einige Überlegungen zum Thema der Kunst (ganz allgemein) anzustellen.

Die Kunst ist, neben den spezifisch menschlichen kulturellen Errungenschaften (wie Begriffssprache, Ethik, Philosophie, Wissenschaft, Technik und Religion), ein weiteres wesentliches Element, das den Menschen über das Tierreich hinaushebt.

Es ist dies nicht der Intellekt, denn viele Tiere besitzen schon eine sehr ausgeprägte Intelligenz bis hin zum Werkzeuggebrauch (so z. B. die Primaten, Rabenvögel und Papageien), wobei aber deren Intelligenz immer nur auf rein biologische Bedürfnisse beschränkt bleibt (mit Ausnahme einer Dressur und bei Haustieren). Das Menschsein definiert sich nicht durch die Intelligenz. Der Mensch ist nicht das intelligente Wesen schlechthin. Die menschliche Intelligenz findet aber in den verschiedenen Bereichen menschlicher Kultur ein fast uferloses Betätigungsfeld.

Die Kunst (ganz allgemein) ist eine besondere Art von Sprache. Kunst spricht nicht zum Intellekt, zur Ratio. Kunst spricht zu den tieferen Bereichen unseres Bewusstseins, zu den Bereichen der Stimmungen und Emotionen bis in die Schichten des Unbewussten. Diese Sprache lässt sich daher auch nicht in die Sprache der Ratio und Logik übersetzen, und dies sollte und darf auch nicht versucht werden. Eine Kunst, die mit einer Symbolik arbeitet, die durch den Intellekt des Künstlers willkürlich erschaffen wurde und so dem Betrachter des Kunstwerkes unverständlich ist und erst erklärt werden muss, sollte man nicht als ein Kunstwerk anerkennen. Wenn etwas durch die normale Sprache gesagt werden kann, so ist Kunst überflüssig.

Bei dem Schöpfungsakt eines Kunstwerkes ist es unverzichtbar, dass die Person des Künstlers gewisse Voraussetzungen besitzen muss: Er muss gewisse spezielle Befähigungen, Talente mitbringen oder erwerben, die ihn für die besondere Art der Schaffung eines Kunstwerkes prädestinieren, z. B. ein Talent für Farb- und Formgebung, eine Begabung für Musik und Sprache. Der Künstler muss aber darüber hinaus noch etwas besitzen, das ihm gegeben ist, das er weder erwerben noch willentlich erzeugen kann. Es ist das, was man als Inspiration bezeichnet, als den »Einfall«, das, was aus den Tiefen der Seele, des Unbewussten, aufsteigend, oft auch ohne jede äußere Anregung den Künstler ergreifen kann. Besonders deutlich wird dies in der Musik, wo die Melodien (als die eigentliche Schönheit in der Musik), die »Themen« einer Tonschöpfung den Komponisten, nach dessen eigener Aussage, in der Regel per Einfall gegeben werden.

Den Beginn der Kunst in der Menschheitsgeschichte kann man an prähistorischen Funden erkennen, wo der frühe Mensch bei Gebrauchsgegenständen wie Werkzeugen und Waffen Formen gestaltete, Verzierungen anbrachte, die weit über das rein Zweckmäßige hinausgehen. Finden wir heute solche Artefakte, so können wir mit Sicherheit sagen, dass diese von Menschen stammen. Was aber ist der Antrieb des Menschen zu solchem Tun? Man denke auch an die berühmten Höhlenmalereien der eiszeitlichen Jäger. Die Forschung spekuliert über den Zweck dieser in Perfektion dargestellten Tierbilder. Man interpretiert diese als einen magischen Tierzauber, wobei bewirkt werden sollte, dass die dargestellten Tiere dem Jäger in der Realität als Beute zufallen. Wir müssen in dieser Intention der Aneignung eines Dargestellten, die hier körperlich real gemeint ist, eine gewisse Übereinstimmung mit obiger Analyse eines künstlerischen Schöpfungsaktes erkennen, wobei in einem Kunstwerk eine gewisse Aneignung eines sonst Unerreichbaren stattfindet.

Der Verfasser denkt hier auch an das Phänomen der sog. Megalithkultur, deren Bauwerke in der Jungsteinzeit sowohl in Asien, Europa und in Nordamerika zu erkennen sind. Große Steinblöcke, wahrscheinlich Überbleibsel eines eiszeitlichen Transportes, werden für verschiedene Zwecke (z. B. Gräber) verwendet. Es finden sich aber auch aufgestellte Steinblöcke riesigen Ausmaßes in Reihen oder Kreisen, wo kein Zweck erkennbar ist. Der Autor möchte hier auch noch auf ein modernes Phänomen solchen zwecklosen Tuns hinweisen: Gehen wir entlang von Bächen, vor allem im Gebirge, wo es noch sehr viele größere schon abgeschliffene Steine gibt, so begegnen wir häufig von Wanderern aus diesen Steinen aufgeschichteten Türmchen.

Der Mensch hat den unwiderstehlichen Drang, in all seinem Tun, mit der grenzenlosen Freiheit und Offenheit seiner Fantasie und seines Bewusstseins, das rein Praktische, Zweckmäßige, Notwendige, Beschränkte, Regelhafte seiner materiellen-biologischen Existenz zu überschreiten, in einer rein spielerischen Weise zu überwinden, hinter sich zu lassen. Der Mensch lebt darin in seiner geistigen Grenzenlosigkeit und Freiheit, wie in seiner Sehnsucht nach Schönheit und Harmonie. Kunst ist Ausdruck der Sehnsucht des Menschen nach einer Existenzform der Freiheit und der Erfülltheit. Sie geht einher mit der besonderen »Wachheit« des menschlichen Bewusstseins, das über eine individuelle Beschränktheit, über das bloße Selbstbewusstsein hinausgreift auf alle Bereiche der umgebenden »Welt«, in der Bewusstwerdung des »Anderen« als eines eigenen Seienden, in einer Form von Ich-Werdung des Anderen.

Der Mensch hat darin eine Grenze überschritten, die Grenze vom Selbst zum Anderen, was ihn vom gesamten Reich des Lebendigen abhebt; es ist sein »Auszug aus dem Paradies«, der ihn zwingt, sich auch mit den Augen, in dem und mit dem Bewusstsein der anderen Menschen zu sehen und wahrzunehmen.

Bei dieser Erweiterung des Bewusstseins auf das schlechthin Andere verliert der Mensch notwendigerweise die tiefe Eingeborgenheit einer Existenz der bloßen Selbstbewusstheit der Naturwesen, verlässt der Mensch die schützende Hülle eines In-sich-Seienden und wird zu einem Außer-sich-Seienden, mit all seiner Problematik. Der Mensch gewinnt aber durch diese Öffnung die Fähigkeit, mit anderen Lebewesen mit-zudenken, mit-zufühlen, mit-zuleiden, die weit über bloß angeborene soziale Verhaltensweisen, z. B. der Sorge und Pflege von Nachkommenschaft, hinausgeht. In der Art seines besonderen Bewusstseins liegt die Ursache der besonderen Ethik des Menschen. (Eine Auffassung die man in der Philosophie bis heute nicht findet. Schopenhauer erkannte beispielsweise in der Fähigkeit zum Mitleiden die Ursache für die menschliche Ethik, aber nicht, was uns zu diesem Mitleiden befähigt.)

Der Leser möge dem Autor diese thematische Abschweifung nachsehen. Die Kunst in ihrer Wesenhaftigkeit erlaubt bzw. führt uns notwendigerweise zu einem tiefen Einblick in die Wesenhaftigkeit des Menschen.

Will man den Umfang des Begriffes von Kunst in seiner allgemeinsten, umfassendsten und auch modernsten Bedeutung beschreiben, so kann man nur sagen: Kunst ganz allgemein ist der Inbegriff eines über die praktischen, zweckvollen Bereiche menschlicher Tätigkeiten hinausgehendes freiheitliches Gestalten. In ihrer einfachsten Bedeutung als einer rein spielerischen Form und ohne notwendige, weitere Aussagen und Wirkungen, ist Kunst einfach der Ausdruck, das Zeichen der Sehnsucht und auch der Fähigkeit des Menschen zur Überwindung von Grenzen, ist Zeichen der Freiheitlichkeit seines Bewusstseins.

In bestimmten Bereichen der modernen Kunst ist dies deutlich zu erkennen. Dabei muss keineswegs eine besondere Botschaft oder Schönheit und Harmonie mit dem Kunstwerk verbunden sein. Kunst kann ebenso mit Hässlichkeit oder Disharmonie auftreten. Kunst ist dabei reduziert auf das Zeichen der Freiheit menschlicher Fantasie und Gestaltung. Der Künstler ist der frei Gestaltende. Kunst ist zwar im praktischen Sinne zwecklos, aber trotzdem nicht sinnlos.